JUNGE KUNST

OTTO MODERSOHN

OTTO MODERSOHN

MIT EINEM BEITRAG VON
Christian Ring

KLINKHARDT
& BIERMANN

Birken im Moor, 1903, Öl auf Malpappe,
Otto Modersohn Stiftung, Fischerhude

INHALT

1 *Worpswede – Feldweg mit Wolke*, um 1894, Öl auf Malpappe auf Hartfaserplatte,
Paula Modersohn-Becker-Stiftung, Bremen

»EIN BILD MUSS EIN FEST SEIN«

Christian Ring

Otto Modersohn ist Zeitgenosse von Edvard Munch, Paul Signac, Henri de Toulouse-Lautrec, Félix Vallotton, Pierre Bonnard und Emil Nolde, sein Leben umfasst die künstlerischen Strömungen des Realismus, Impressionismus, Jugendstils, Expressionismus, Kubismus bis hin zur abstrakten Malerei. Doch sein Werk lässt sich keiner der genannten Persönlichkeiten oder Richtungen zuordnen. Der Maler und Zeichner Otto Modersohn leistete einen ganz eigenen, unverwechselbaren und bedeutsamen Beitrag zur Entwicklung der deutschen Landschaftsmalerei, der weder im Schatten des Werkes von Paula Modersohn-Becker steht, noch allein durch den Begriff der Worpsweder Künstlervereinigung zu umschreiben ist.[1]

In der Vergangenheit wurde Modersohn oftmals einerseits als *der* Worpsweder Maler schlechthin verstanden, andererseits häufig auf die Rolle des Ehemanns und Malers an der Seite von Paula Modersohn-Becker reduziert, der im Nebel um die posthume Mystik hinter der jung Verstorbenen zurücksteht. Betrachtet man hingegen die Zeiten, in denen Modersohn zur Künstlervereinigung Worpswede gehörte, also von 1889 bis 1899, und der Ehe mit Paula Modersohn-Becker von 1901 bis 1907, so sind es zusammengerechnet nur 17 Jahre, somit weniger als ein Drittel seines insgesamt knapp 54 Jahre umfassenden künstlerischen Schaffens.

Modersohn hat ein zahlenmäßig sehr umfangreiches Werk in großer Bandbreite hinterlassen, mehr als 6000 Arbeiten in Ölfarbe sind bekannt. Dieses zeichnet sich von der Studienzeit an durch Eigenständigkeit und eine stetige Entwicklung konsequent bis zum Spätwerk aus. Sein bildne-

2 *Kirchgang –
Neujahr, Dingstiege
in Münster*, 1888,
Öl auf Papier,
Otto Modersohn
Stiftung,
Fischerhude

risches Schaffen in der Zeichnung und der Ölmalerei betrifft insbesondere den Motivkreis der verschiedenen Landschaften seiner Umgebung, die Torf- und Moorlandschaften um Worpswede, die Wümme und die Wiesen um Fischerhude, die dörflichen Situationen und die Eindrücke seiner Reisen. Im Zentrum steht die persönliche, von Empfindung und Gefühl geprägte Erfassung der vielfältigen Erscheinungen der Natur in ihrer Einfachheit. Er ist auf der Suche, »das Ding an sich in Stimmung« zu ergründen: »Zuerst ist gewissermaßen die Welt da, die Dinge, die Gegenstände – darüber breitet sich die Stimmung – manchmal tritt diese zurück, manchmal herrscht sie. Am schönsten beides […].«[2]

»ICH BIN EIN GEBORENER LANDSCHAFTSMALER«[3] – STUDIENZEIT UND FRÜHWERK (1884–1889)

Geboren am 22. Februar 1865 im westfälischen Soest und seit 1874 in Münster aufgewachsen, beschäftigt sich Otto Modersohn bereits als Kind mit den vielfältigen Erscheinungen der Natur. Er beobachtet und sammelt Insekten und Pflanzen und hält in seinen Malbüchern mit Blei- und Buntstift das fest, was ihn unmittelbar umgibt oder was er auf seinen Streif-

3 *Die Wolke*, 1890, Öl auf Karton, Otto Modersohn Stiftung, Fischerhude

zügen durch die Natur erfährt. 1884, mit 19 Jahren, beginnt er sein Studium der Landschaftsmalerei an der Düsseldorfer Akademie bei Eugen Dücker.[4] Früh erkennt er, dass die künstlerischen Ansichten sehr unterschiedlich sind und lehnt sich innerlich gegen die Vorgaben auf: »Ich werde es gerade entgegengesetzt machen. [...] Wenn ich mir die Kunst, die Landschaftsmalerei durch diese, Dückers Brille ansehe, dann ist alles öde, langweilig, leer [...] nie werde ich mit dem Gedanken auskommen, der ganze künstlerische Geist besteht aus dem Gefühl der Richtigkeit, der Regelrichtigkeit; fertig muß ein Bild sein um jeden Preis; dies halte ich für eine der unkünstlerischsten Forderungen. (x Wenn überhaupt das Vollenden und Durchbilden einer Studie nicht von innen heraus, von Verständnis getrieben, geschieht, ist es für mich ganz wertlos.)«[5] Modersohn lässt sich nicht von seinen Idealen abbringen, und es entstehen in den ersten fünf Schaffensjahren erstaunlich freie Skizzen und Studien in kleinen Formaten – einfache Kompositionen, die Land, Bäume und Himmel in lockerer Pinselführung wiedergeben. Durch verschiedene Reisen lernt er unterschiedliche Landschaften kennen, so 1886 das westfälische Tecklenburg am Teutoburger Wald.[6] In den folgenden Jahren besucht er mehrfach die Stadt und

4 *Büsche am Feldrand*, 1889, Öl auf Karton,
Otto Modersohn Stiftung, Fischerhude

füllt mit erfrischend freien Zeichnungen die Skizzenbücher, einige Gemälde und Ölskizzen entstehen, wie die Studie *Landschaft mit weißer Bank* (8). Modersohn faszinieren die Arbeiten der Maler von Barbizon. In deren Tradition entwickelt er kleine lichte Ölskizzen und Ölstudien zumeist in der Umgebung von Soest und Münster direkt vor der Natur.[7] Gekonnt und sicher in lockerer Pinselführung, erfasst er am Neujahrsmorgen 1888 in dem kleinen Gemälde *Kirchgang – Neujahr, Dingstiege in Münster* (2) die winterliche Stimmung mit dem dunkel gekleideten Paar. Er wechselt an die Akademie nach Karlsruhe und beginnt, seine Ölskizzen ins große Format zu übertragen. Glücklich notiert er: »Ich möchte die ganze Welt umarmen. Ich bin ein geborener Landschaftsmaler.«[8] Immer wieder analysiert Modersohn seine künstlerischen Ziele: »Ich will ein Stimmungslandschafter von naturalistischer Kraft und Tiefe werden. Die Stimmung ist der Zweck, der Drehpunkt meines Schaffens. Technische Fertigkeit ist mir nur Mittel zum Zweck. Ein Stimmungslandschafter muß poetisches Gefühl für die Natur (Größe, Tiefe) haben.« Er gewinnt an Selbstsicherheit und schärft sein inhaltliches Profil: »Ich strebe nach Landschaften mit kühnem Wurf, weicher und einfacher Linie, origineller, frischer Komposition. Die Wahl des Gegenstandes ist mir äußerst wichtig. In der schlichtesten

Gegend finde ich alles. Vor allem liebe ich die Ebene, auch Hügelland, weniger Berge. Feld, Wald, Wiese, Wasser, Teiche, Sümpfe, Bäche, Flüsse, Häuser, Gehöfte, Dörfer bieten mir stets reichen Stoff zur Schilderung.«[9] Das Gemälde *Büsche am Feldrand* (4) zeugt von Modersohns großer Sensibilität bei der Auswahl des Motivs der weiten Wiese, mit den Sträuchern am linken Bildrand, dem hohen Himmel und den verschiedenen Farbwerten samt dem silbernen Schimmer, der über allem zu liegen scheint.

»EIN FEST FÜR'S AUGE UND HERZ«[10] – WORPSWEDE (1889–1899)

Als Otto Modersohn am 3. Juli 1889 mit seinem Studienfreund Fritz Mackensen in Worpswede ankommt, um dort den Sommer über zu arbeiten, findet er die erhoffte schlichte Landschaft.[11] »Ich sah fast gleich, daß meine Erwartungen nicht getäuscht waren. Ich fand ein höchst originelles Dorf, das auf mich einen durchaus fremdartigen Eindruck machte; der hügelige, sandige Boden im Dorfe selbst, die großen bemoosten Strohdächer, und nach allen Seiten (so viel man sehen konnte) alles so weit und groß wie am Meer.«[12] Modersohn bleibt bei seinem bisherigen Aufbau der Bilder, das heißt er lenkt auch hier meist den Blick des Betrachters, indem er ihn über einen Weg in das Bild hinein und durch Wiesen zum wolkigen Himmel führt. Er fühlt sich schnell in die ungewohnt weite, offene und herbe Landschaft des Teufelsmoors, ihre Farbigkeit und ihren Stimmungsgehalt ein. Muhelos gelingt es ihm, in Skizzen und Studien wie den

5 *Hammewiesen mit Weyerberg (I)*, 1889, Öl auf Leinwand, Otto Modersohn Stiftung, Fischerhude

6 *Moordamm*, 1889, Öl auf Karton, Otto Modersohn Stiftung, Fischerhude

7 *Weg mit dunkler Wolke*, 1890,
Öl auf Karton, Otto Modersohn
Stiftung, Fischerhude

8 *Landschaft mit weißer Bank – Tecklenburg*, 1892,
Öl auf Karton, Otto Modersohn Stiftung, Fischerhude

9 *Birken im Weyermoor*, 1894, Öl auf Malpappe,
Otto Modersohn Stiftung, Fischerhude

Hammewiesen mit Weyerberg (I) (5) im Teufelsmoor den Charakter der Natur in der Gesamtwirkung zu erfassen, auf Details verzichtet er. In Worpswede verändert sich seine Malerei. Er wird weicher in der Pinsel führung, die Übergänge werden fließend und flächiger, harte Konturen bleiben aus, Schatten gibt es keine. Es entsteht eine stille Intimität mit bewegter Dramatik, eine Intensivierung der Naturerfassung, die beim *Moordamm* (6) besonders deutlich wird.

Modersohn und Mackensen bleiben nicht lange allein. Im selben Jahr folgt Hans am Ende, 1892 Fritz Overbeck und 1894 Heinrich Vogeler. In Overbeck findet Modersohn einen wichtigen Gesprächs- und Briefpartner.[13] Die Künstler beschließen, der Akademie den Rücken zu kehren und sich dauerhaft in Worpswede niederzulassen. Modersohn formuliert sein Ziel: »Eine Kunst, die über das optische Sehen fast hinausgreift und den Gehalt, die Eigenschaft der Dinge erreichen will, ist mein Ideal. Elementar muss sie wirken, die Gegenstände mit Vehemenz erfassen, Dokumente der Natur errichten.«[14] Mit Gemälden wie *Die Wolke* (3) oder *Weg mit dunkler Wolke* (7)

10 *Im Teufelsmoor (Torhaufen)*, 1896, Öl auf Malpappe,
Otto Modersohn Stiftung, Fischerhude

11 *Abend am Moorkanal*, 1894, Öl auf Malpappe, Privatbesitz

schafft Modersohn solche Dokumente der Natur. Neben der Abbildung
der Natur sucht er die tragende Stimmung der Landschaft, das »Intime«,
einfühlend zu erfassen. Die Farbe wird dabei durch Steigerung und kraft-
volle, rhythmische Setzung zu einem entscheidenden Ausdrucksmittel. Die
von der herbstlichen Sonne beschienene, leuchtend weiße Rinde der *Birken
im Weyermoor* (9) zeigt diese besondere Sensibilität. Im Herbst 1889 besuchen Otto Modersohn und Hans am Ende die Weltausstellung in Paris.
Hier begegnet Otto Modersohn den Bildern der Maler von Barbizon, die er
bereits im Vorjahr in München im Original gesehen hatte.

Von den Motivkreisen, die er in der Landschaft um Worpswede entdeckt,
favorisiert Modersohn in seinen Werken die Dünen und Tümpel im Teufelsmoor, die Hammewiesen und den Weyerberg, Baumgruppen am Hang,
Birkenstämme und Moorgräben mit ihren Spiegelungen. Von Sonne
durchflutete Landschaften mit lockeren und spielerisch hingetupften Wie-
senblumen und Gräsern, mit blühendem Weißdorn und überbordenden
Heckenrosen stehen dramatisch abendlichen Stimmungen zur Seite. Seine
Kunst kommt aus Empfindung und innerer Anschauung, aus seiner inni-
gen Vertrautheit mit der Natur: »Das Große und das Kleine, das Ganze

12 *Stürmischer Sommertag mit Worpsweder Kirche*, 1893, Öl auf Malpappe,
Otto Modersohn Stiftung, Fischerhude

13 *Herbst im Moor*, 1895, Öl auf Leinwand, Kunsthalle Bremen

und das Einzelne. Ein Fest für's Auge und Herz. Allmählich weiß und fühle ich, was man alles mit Farbe machen kann. Man muß kribbeln von Gefühl bis in die Fingerspitzen [...].«[15]

Die jungen Maler werden langsam über Worpswede hinaus wahrgenommen. Zusammen mit Mackensen, Vogeler, am Ende und Overbeck stellt Modersohn im Frühjahr 1895 in der Bremer Kunsthalle aus. Obwohl die Werke in der Presse als »Apostel des Häßlichen« verspottet werden, wird das Gemälde *Herbst im Moor* (13) für die Bremer Kunsthalle erworben. Von der Ausstellung beeindruckt, bietet die Münchner Künstlergenossenschaft den Worpswedern an, im Glaspalast in München auszustellen.[16] Damit gelingt ihnen der künstlerische Durchbruch, national und international gelten sie nun als anerkannt. In der Presse wird Modersohn als der »Persönlichste« und »das stärkste Talent unter den Worpswedern« gefeiert.[17]

Im Winter 1896/97 entsteht eines seiner Hauptwerke, die *Dorfstraße in Worpswede* (16), welches sich durch seine farblich leuchtende Brillanz von anderen abhebt. Im September 1897 heiratet Modersohn Helene Schröder, eine Bremer Kaufmannstochter. Das private Glück ist jedoch getrübt, da seine Frau an Lungentuberkulose erkrankt ist. Die Kunst bietet ihm eine Zuflucht. In Worpswede erwirbt er ein kleines Haus, und im August des Folgejahres wird die Tochter Elsbeth geboren. Modersohns künstlerische Qualität, insbesondere sein sensibler Umgang mit der Farbe und der Verzicht auf Monumentalität werden von Kunstsammlern und vom Publikum honoriert. Die seit 1897 unter »Künstlervereinigung Worpswede« firmie-

14 *Sommertag (Malven)*, 1896, Öl auf Leinwand,
Otto Modersohn Stiftung, Fischerhude

15 *Moortümpel mit Spiegelung*, 1896, Öl auf Leinwand,
Otto Modersohn Stiftung, Fischerhude

16 *Dorfstraße in Worpswede*, 1896/97, Öl auf Leinwand, Otto Modersohn Stiftung, Fischerhude

renden Maler sind zu Konkurrenten geworden. Modersohn fühlt sich durch die Gruppe eingeengt, er betont, dass alles auf die »persönliche, individuelle Freiheit ankommt«, die der Verein beeinträchtige. So begründet er am 25. Juli 1899 seinen Austritt, dem sich Heinrich Vogeler und Fritz Overbeck anschließen.

»EIN GROSSES GEMEINSAMES STREBEN SOLL UNS VERBINDEN – ALLE TAGE«[18] – DIE GEMEINSAME ZEIT MIT PAULA MODERSOHN-BECKER (1900–1907)

Die offizielle Lösung von der Künstlervereinigung Worpswede erlebt Modersohn als Befreiung. Er sehnt sich nach Reisen, um neue Eindrücke zu erfahren, doch mit Rücksicht auf die Krankheit seiner Frau stellt er diese zurück. Im Juni 1900 erfüllt sich sein Wunsch, und er reist auf Einladung von Paula Becker und Clara Westhoff mit Fritz und Hermine Overbeck sowie Marie Bock zur Weltausstellung nach Paris. Nach wenigen Tagen erhält er die Nachricht, dass seine Frau plötzlich verstorben ist.

Heinrich Vogelers »Barkenhoff« wird zu einem wichtigen künstlerischen Zentrum, in dem Rainer Maria Rilke, Rudolf Alexander Schröder und Alfred Heymel verkehren. Carl Hauptmann wird zu einem wichtigen Freund Modersohns.[19] Immer bedeutsamer wird aber auch die elf Jahre jüngere Paula Becker, die seit 1898 bei Fritz Mackensen Mal- und Zeichenunterricht nimmt. Im Laufe der Zeit verstärken sich seine Gefühle zu ihr, die Kunst verbindet beide.[20] Bereits im September verloben sie sich heimlich, nur die besten Freunde wissen davon. Modersohn schwärmt: »Meine Liebe ist ganz wunderbar. Welche köstlichen Seiten hat Paula für mich. Dieser Trieb zum Geistigen, Künstlerischen, Phantasievollen, Koloristischen, o wie ist es mir lieb. Das feuert mich an, belebt mich, begeistert mich.«[21] Am 25. Mai 1901 findet die Hochzeit statt. Beide streben in ihrer Kunst die Einfachheit an, sie sind auf der Suche, »das Ding an sich in Stimmung« zu ergründen.[22] *Birken im Moor* (S. 8) zeigt diese Vereinfachung und die Konzentration auf die Schlichtheit des Motivs und dessen gleichzeitiger intensiver sinnlicher Präsens. Modersohn erfährt durch seine Frau bereichernde Impulse, sein Blick öffnet sich weiter der Landschaft, die Bilder werden freier, der Pinselduktus breiter, wie im *Sommerlichen Moorgraben* (20): »Ganz famos ist das Streben mit meiner lieben Paula. […] Ich bin voller Hoffnung. Wie ich ihr

17 *Paula Modersohn-Becker an der Staffelei*, 1901, Öl auf Malpappe,
Paula Modersohn-Becker Stiftung, Bremen

18 *Mädchen am Birkenstamm*, 1903,
Öl auf Malpappe, Privatbesitz

19 *Elsbeth im Garten mit Glaskugel*, 1903, Öl auf Malpappe, Otto Modersohn Stiftung, Fischerhude

20 *Sommerlicher Moorgraben*, 1904, Öl auf Malpappe,
Otto Modersohn Stiftung, Fischerhude

vom Intimen geben kann, so sie mir vom Großen, Freien, Lapidaren. Wundervoll ist das wechselseitige Geben und Nehmen. Unser Verhältnis ist zu schön, schöner als ich es je gedacht, ich bin wahrhaft glücklich, sie ist eine echte Künstlerin, wie es wenige gibt in der Welt, sie hat etwas ganz Seltenes. Keiner kennt sie, keiner schätzt sie. Das wird einmal anders werden.«[23] Das Künstlerpaar entwickelt sich aber in unterschiedliche Richtungen. »Ihre Art ist von meiner durchaus verschieden, das ist das beste. Ihr Temperament leichter, freier, heiterer – und das liebe u. verehre ich sosehr. Ihr Urtheil in der Kunst selbständig, eigenartig – schätze ich sosehr. Sie bildet ein glückliches Gegengewicht zu mir, u. ich zu ihr. So muß es sein. In d. Grundanschauung verwandt – Kunstdurchglühtes Leben – in d. Äußerungen verschieden.«[24] Während Modersohn in der Worpsweder Landschaft Erfüllung sucht, reist Modersohn-Becker mehrfach nach Paris. Trotz verschiedener Spannungen, und auch in der vorübergehenden Zeit der Trennung, ermöglicht Modersohn seiner Frau bedingungslos die künstlerische und menschliche Freiheit.
Am 2. November 1907 kommt die Tochter Mathilde, genannt Tille, zur Welt. Paula Modersohn-Becker stirbt unerwartet am 20. November an

21 *Wümme mit Scheune im Abendlicht*, 1908, Öl auf Malpappe, Privatbesitz

einer Embolie. Nach dem Tod kümmert sich Modersohn verstärkt darum, dass die Werke seiner zu Lebzeiten verkannten Frau durch Ausstellungen einem größeren Kreis bekannt werden und Einzug in Privatsammlungen und Museen erhalten. Durch den posthum aufkeimenden Mythos der einsamen, unverstandenen Künstlerin, die durch den Ehemann gehemmt und künstlerisch gefesselt war, steht Modersohn ungerechtfertigterweise oftmals in der Kritik. Dabei war er zu Lebzeiten der Erste und Einzige, der ihre bahnbrechende Bedeutung für die Moderne erkannt und ihre Begabung gefördert hat.

»NEBEN DER FREIHEIT IST INTIMITÄT MEIN HÖCHSTES ZIEL«[25] – FISCHERHUDE (1908–1924)

Um Abstand zu den vielen Erinnerungen in Worpswede zu finden, zieht es Modersohn 1908 in das benachbarte Fischerhude.[26] Bereits 1896 hatte er es bei einer Wanderung mit seinem Freund Fritz Overbeck entdeckt. In der Abgeschiedenheit des kleinen Dörfchens an der Wümmeniederung mit den mächtigen Eichen versucht Modersohn, sich wieder auf seine Kunst zu konzentrieren. Vermehrt verwendet er nun dunklere Farben, beispielsweise in *Wümme mit Scheune im Abendlicht* (21). Er lernt Louise Breling kennen, eine Tochter des in Fischerhude ansässigen ehemaligen Malers am Hofe Ludwigs II., Heinrich Breling. Die Hochzeit findet am 14. April 1909 statt.

22 *Lampionfahrt auf der Wümme*, 1911, Öl auf Malpappe, Privatbesitz

Kontinuierlich setzt sich Modersohn mit der modernen französischen Malerei von Paul Cézanne und Vincent van Gogh auseinander und erfährt neue Einsichten für sein Werk. In lockerer Pinselführung und frischen Farbklängen dokumentiert die *Lampionfahrt auf der Wümme* (22) auf schönste Weise die neue Einstellung und den künstlerischen Aufbruch. Das in blau-schimmernden Tönen leuchtende Bild zeigt seine Frau Louise beim Staken, während die kleine Tille den von einer Kerze beschienenen Lampion vorsichtig über das Wasser hält und die Spiegelung beobachtet. Das Bild offenbart mit der reduzierten Formensprache in seiner Gesamtheit eine vom Maler empfundene, gefühlvolle Einheit von Natur und Mensch, ein organisch gewachsenes Ganzes, ein stilles Bild mit starker Ausdruckskraft. Ähnlich verhält es sich beim *Bauerngarten mit Insel* (23): Der breit gesetzte Pinselduktus, der an Van Gogh erinnert, führt Modersohn zu seiner neuen, offeneren Bildsprache und verleiht den Wasserläufen der Wümme in und um Fischerhude mit deren Spiegelungen von Bäumen und Wiesen einen harmonischen Ausdruck.

Das Gemälde *Sommerliche Dorfstraße* (25) leitet eine neue Entwicklungsphase von Modersohns Formensprache ein. Diese prägt von nun an ein reduzierter Pinselduktus und eine großflächige Malerei. Modersohn ver-

23 *Bauerngarten mit Insel*, 1911, Öl auf Malpappe, Otto Modersohn Stiftung, Fischerhude

zichtet auf intensive Strukturen und abstrahiert die Komposition, macht die Natur zum Träger seiner Ideen und baut die Bilder aus den der Natur innewohnenden Formen und Flächen auf. Dabei ist er fortwährend auf der Suche nach den Urgesetzen der Natur. Durch die intensive, beobachtende und einfühlende Auseinandersetzung mit der Landschaft gelingt es ihm, diese aus seinem Inneren heraus neu zu erschaffen.

In den 1920er Jahren unternimmt Modersohn mit seiner Frau Louise Modersohn-Breling, die sich ab 1916 der Malerei zuwendet, Ausflüge nach Iphofen, Wertheim und Würzburg.[27] Gemeinsam mit dem Hamburger

25 *Sommerliche Dorfstraße*, 1920, Öl auf Leinwand, Otto Modersohn Stiftung, Fischerhude

26 *Höfats im Mondschein vom Himmeleck*, 1933, Öl auf Leinwand,
Otto Modersohn Stiftung, Fischerhude

Malerehepaar Friedrich Ahlers-Hestermann und Alexandra Povòrina besuchen sie mehrfach Wertheim. Die dort entstehenden Gemälde zeugen
von neuen Anregungen, die Modersohn in der Zeit des gemeinsamen
künstlerischen Arbeitens erfährt.

»NEUE ANREGUNG, NEUEN AUFSCHWUNG«[28] –
DIE REISEN INS ALLGÄU (1925–1935)

1925 wird Otto Modersohn 60 Jahre alt. Mit seiner Familie unternimmt er
die erste längere Reise ins Allgäu:[29] »Die Landschaft im Gebirge ist drama-
tischer, packender, hier in Fischerhude sanfter, idyllischer. Im Gebirge:
Form durch Aufsicht, Verschiebung, ferne Berge reicher, mannigfaltiger,
stärker – ebenso die Farbe – ferne Berge.«[30] Die Zeit ist geprägt durch in-
tensives gemeinsames Arbeiten mit seiner Frau. Im Jahr 1927 wird das
Paula Modersohn-Becker gewidmete Museum in der Böttcherstraße in
Bremen eröffnet. In dieser Zeit ist Louise Modersohn-Breling als ebenfalls
Kunstschaffende und dritte Ehefrau Otto Modersohns in Bremer Kreisen

27 *Strauß mit Margeriten*, 1933, Öl auf Leinwand,
Otto Modersohn Stiftung, Fischerhude

Anfeindungen ausgesetzt, die sie stark belasten. Regelmäßig fährt die Familie, angewachsen durch die beiden Söhne Ulrich und Christian, ins Allgäu und verbringt dort die Sommer. Der Reichtum der Alpenflora begeistert Modersohn, und es entsteht eine eigene Gruppe der Blumenstillleben: »Sie werden immer reicher, geheimnisvoller – so ein Strauß ist eine Wunderwelt, phantastischer als die Natur da draußen, eine Märchenwelt.«[31]

28 *Neuschnee am Gailenberg*, 1933,
Öl auf Leinwand, Otto Modersohn
Stiftung, Fischerhude

Auf Bestreben seiner Frau wird 1930 auf dem Gailenberg bei Bad Hindelang im Allgäu ein altes Bauernhaus gekauft, dort verbringt die Familie die
Sommer. Mit der Bergwelt entdeckt Modersohn für sich neue Motivkreise,
wie die Bergpanoramen, Talblicke, Himmelsfernsichten und Wolkensilhouetten, bei den Farben schätzt er besonders die Blau-, Lila- und Rosatöne.[32] In den Wintermonaten in Fischerhude malt er nicht mehr in der

29 *Fensterblick mit Pferdewagen*, 1926, Öl auf Leinwand,
Otto Modersohn Stiftung, Fischerhude

Natur, sondern lediglich vom Atelierfenster aus. Er empfindet dies jedoch als keine Einschränkung, weil er die Naturerfahrung aus seinem Inneren, aus seiner Erinnerung und seinem Empfinden, schöpft.

»DAS SCHÖNSTE, EINFÄLTIGSTE, DAS ZARTESTE UND GEWALTIGSTE«[33] – DIE ZEICHNUNGEN

Für die Arbeit im Fischerhuder Atelier werden die Zeichnungen für den Künstler ein immer wichtigerer Anhaltspunkt. Dieses Mediums hatte sich Modersohn bereits seit Anbeginn der Studienzeit als zentrales Ausdrucksmittel bedient. Auch in Worpswede entstanden Jahre zuvor, abends am Wohnzimmertisch in diffusem Licht, auf einfachen, minderwertigen, zurechtgerissenen Papieren, handtellergroße Kreide- und Rötelzeichnungen von hohem künstlerischen Rang und seltener Qualität, die sogenannten Kompositionszeichnungen. Die Strichführung ist offen, leicht, unglaublich modern, teilweise abstrakt. Die Bildthemen bleiben die Moor- und

Heidelandschaften, die Wasserläufe, Bäume und dörflichen Situationen; manchmal sind es nur Andeutungen. Es wohnt diesen Zeichnungen etwas Geheimnisvolles inne. Neu ist, dass diese Arbeiten heute nicht mehr als Vorzeichnungen, sondern als autonome Kunstwerke gesehen werden, wie es Modersohns Intention war: »Es giebt bei mir dreierlei: 1) m. Studien 2) m. Kompositionen 3) m. Bilder. Alle getrennt von einander. Und die Bilder müßten das beste sein, u. Studien u. Komp. sind weit besser. M. Kompositionen malen i. Sinne m. Studien das ist die ganze Aufgabe.«[34]

In den dämmrigen Abendstunden, den Momenten der Ruhe und Konzentration erfährt Modersohn in den Kompositionszeichnungen seine innerste Vorstellung und grundlegende Einsicht über die Darstellung der Landschaft. Er erkennt, dass Phantasie und subjektive Vorstellung das Bild der Landschaft bestimmen und es keine naturalistische Darstellung und vermeintliche Objektivität gibt. Die Kombination von Wirklichkeitssinn und freier schöpferischer Phantasie lässt in den Kompositionszeichnungen mit ihrer Einfachheit und Stille, Ernst und Tiefe eine Intimität entstehen, die Modersohn tief in seinem Inneren empfindet: »Klebe meine Compositionen auf. Geradezu überrascht, was das für Schätze. [...] Und das ist mein letztes, bestes Wesen. Alle sind wie hingeträumt. [...] Große Kunst

30 *Unwetter*, um 1938, Kompositionszeichnung auf Packpapier, Otto Modersohn Stiftung, Fischerhude

verkehrt mit der Seele der Natur. [...] Das ist das Göttliche. Dem gewöhnlichen Sterblichen ist sie verborgen; der wahre Künstler dringt durch bis zur Tiefe und enthüllt sie, im Kunstwerk, läßt uns den Zusammenhang des Ganzen miterleben. – Das bildet einen der wahrsten, echtesten Genüsse.«[35] Neben den Kompositionszeichnungen entstehen bis ins hohe Alter bei den täglichen Spaziergängen und Wanderungen die klassischen Beobachtungen vor der Natur, seine »Grammatik«, die Modersohn in vielen Skizzenbüchern notiert (S. 68). Es sind die Veränderungen von Jahreszeiten, Wetter, Überschwemmungen, Eis, Wolken und Pflanzen, die ihn interessieren. Manchmal schreibt er Farbbezeichnungen ins Bild. Sie sind knappe, reduzierte Erinnerungshilfen für die Arbeit im Atelier: »Mir liegt vor allem nur das Geahnte, Angedeutete, darum liegen mir vor allem Dämmerungen, Mondschein etc. Das war der Reiz vieler Kompositionen, das ist meine persönliche Art. Darum liebe ich auch mehr graue, neblige Tage als Sonnenschein.«[36]

»MAN REDUCIERT AUF DAS WESENTLICHE, SCHAFFT NEU AUS DEM INNERN«[37] – DAS SPÄTWERK (1930–1943)

Die träumerisch-verwunschenen Stimmungen des aufziehenden Nebels an den Flussarmen der Wümme, die die Landschaft um Fischerhude im Herbst und Winter in tieftonigem, weichen Licht in Blaugrau schimmern lassen, regen Modersohn nun verstärkt zu neuen Bildfindungen an. In seinem Spätwerk, welches ab 1930 beginnt, besinnt er sich verstärkt auf die Kompositionszeichnungen, deren Freiheit und Intimität er ins Ölbild zu übertragen sucht: »[...] ich male sehr gern aus dem Kopfe nach Zeichnungen und Notizen, die ich mir draußen mache, man reduciert auf das Wesentliche, schafft neu aus dem Innern, vermeidet das zu realistisch-naturalistische – Damit begann ich schon früher, liebe es immer mehr.«[38] Anstelle klarer Flächenfarbe tritt entmaterialisierte Transparenz in lasierender Malweise in schlichten und milden Farben. Modersohn nimmt sich als Maler zurück, die eigene künstlerische Handschrift wird reduziert, zugunsten der Empfindung und des Gefühls von der Natur und ihrer Erscheinung. Dabei geht er »von der Natur aus, aber folge ganz meiner inneren Vorstellung, ich folge meiner Phantasie, ›es malt‹.«[39] Damit hat Modersohn die Intimität gefunden, die es ihm ermöglicht, mit seiner reifen Erfahrung und Intuition aus sich selbst, aus seiner künstlerischen

31 *Schlittschuhläufer*, 1933, Öl auf Leinwand,
Otto Modersohn Stiftung, Fischerhude

Phantasie heraus zu schöpfen: »[...] ich möchte sie [die Technik] eine Verbindung von Kraft und Zartheit nennen. Kräftig muß alles hingesetzt sein, die Farben im Gegensatz zueinander gesehen sein, und dann kommt der zarte, intime Schleier darüber, der Schimmer in den Wolken, das Schillern des Lichtes, das feinere, reichere Nuancieren der Töne. Zuerst nur ungefähr, spare mir alles auf bis zu diesem Übergehen, überrieseln – das ist der Schwerpunkt«, notiert er in sein Tagebuch. Und er stellt beglückt fest: »Es ist das meine persönlichste Weise, die ich immer so anwenden muß und will.«[40]
Modersohn hat in seinem Spätwerk die Erfüllung seines künstlerischen Ziels gefunden. Die Werke zeugen nun nicht mehr von der ausdrucksstarken Formen- und Farbensprache und der gesteigerten Bildwirkung der vergangenen Jahre, sondern strömen den sonoren Zauber einer lyrischen Stimmung aus, wirken geheimnisvoll, verschwimmend, andeutend, zart.
1935 begeht Modersohn seinen 70. Geburtstag. Er bekommt die einschneidende Diagnose, dass sich am rechten Auge die Netzhaut ablöst. Das Auge erblindet, die regelmäßigen Reisen ins Allgäu sind nicht mehr möglich. In Fischerhude ist er beim Arbeiten mit Ölfarbe ganz auf das Arbeiten im

Atelier angewiesen. Resigniert notiert er: »Meine Malerei ist mein ganzer Trost, wo mir das Leben so viel versagt hat, sie ist der Quell, der alles Traurige und Schwere woran mein Leben so reich ist, versinken lässt.«[41] Bis zu seinem Tod arbeitet er dennoch unermüdlich, es entstehen noch 1184 Bilder. Als eines seiner letzten Werke malt er *Abend an der Wümme* (34). Otto Modersohn stirbt am 10. März 1943 nach kurzer schwerer Krankheit.

»MEINE MALEREI MACHT MICH GLÜCKLICH«[42]

Otto Modersohn ist ein Einzelgänger unter den Künstlern seiner Zeit. Sein Werk in der Gesamtheit fügt sich in keine Schablone, da es formal stilistisch gesehen keine direkte, einheitliche Linie gibt. Diese besteht in der geistig-inhaltlichen Suche nach dem Urgrund der Natur, die er in seiner Kunst zum Ausdruck bringen möchte, er ist auf der Suche nach dem »Ding an sich in Stimmung«. Damit liefert Modersohn einen eigenen entscheidenden Beitrag zur Entwicklung der deutschen Landschaftsmalerei,

32 *Überschwemmung*, 1934, Öl auf Leinwand,
Otto Modersohn Stiftung, Fischerhude

insbesondere dem deutschen Naturlyrismus. Dieser ist durch die hinge-
bende Suche der Künstler nach einer Landschaft in ihren Urzuständen geprägt, die Natur wurde zum Träger der Stimmung und des Gefühls. Durch
die stetige Auseinandersetzung mit der Natur, der Suche nach Einfachheit
und Wahrheit, dem Intimen, ist es Modersohn gelungen, sein Werk bis in
die Spätzeit schöpferisch weiterzuentwickeln. Er hat sich nicht den Wand-
lungen des malerischen Ausdrucks der neueren Kunst angeschlossen. Dennoch vereint er in sich die Tradition mit der Gegenwart, die zu Beginn des
20. Jahrhunderts eng mit der Geisteshaltung der Romantik verbunden ist.
Modersohns Kunstauffassung folgt dieser neuen Romantik im Sinne von
Charles Baudelaire, der bereits 1846 notiert: »Wer Romantik sagt, sagt moderne Kunst, – das heißt Intimität, Geistlichkeit, Farbe, Streben nach dem
Unendlichen, ausgedrückt durch alle Mittel, die die Künste enthalten.«
Die Natur wird für Modersohn zum Spiegel der eigenen Seele. Er bezieht

33 *Mondnacht im Moor*, 1940, Öl auf Leinwand, Otto Modersohn Stiftung, Fischerhude

34 *Abend an der Wümme*, 1943, Öl auf Leinwand,
Otto Modersohn Museum, Fischerhude

sich auf die sichtbare Natur und leitet aus der sinnlichen Präsenz die Empfindung und Komposition des Bildes ab. Er steht mit seinem Bild im Ein-
klang. Mit dem herausragenden Instinkt für Farbe löst er die Natur nicht
darin auf, sondern bringt die Stimmung, das Gefühl und die Innigkeit zum
Ausdruck. Für ihn gilt: »Ein Bild muß ein Fest sein, innerlich und äußerlich. – Der Maler sieht mehr und tiefer in die Welt. – Man muß ein ganz
besonderes, geheimes, eigenes Gefühl haben, wenn man ein Bild malt,
ganz persönlich, sich selbst zur innigsten Freude. Der Einsichtsvolle merkt
gleich, ob das Bild solchem Gefühl entsprungen.«[43]

CHRISTIAN RING *ist seit 2013 Direktor der Stiftung Seebüll Ada und Emil
Nolde. Nach seinem Studium der Kunstgeschichte und Philosophie in Kassel
und Bonn war er wissenschaftlicher Mitarbeiter an der Hamburger Kunsthalle und am Museum Giersch in Frankfurt am Main. Angeregt durch seine
Dissertation über Gustav Pauli und die Hamburger Kunsthalle, beschäftigt
er sich intensiv mit Otto Modersohns Leben und Werk.*

1   Vgl. Günter Busch, *Otto Modersohn*, Bremen 1965.
2   Tagebuch, 13. September 1902.
3   Tagebuch, 8. Dezember 1888.
4   Vgl. *Otto Modersohn, Das Frühwerk 1884–1889*, hrsg. v. Otto Modersohn Museum, München 1989.
5   Tagebuch, 18. Mai 1887.
6   Vgl. *Otto Modersohn, Tecklenburg 1886–1892*, hrsg. v. Otto Modersohn Museum, Fischerhude 1988.
7   Vgl. Karlheinz Pötter, *Otto Modersohn in und um Münster 1884*, hrsg. v. Otto Modersohn Museum, Fischerhude 1992.
8   Tagebuch, 8. Dezember 1888.
9   Otto Modersohn, *Über Kunst/Über das Ziel meiner Kunst*, 1. Januar 1889 Mitternacht.
10 Tagebuch, 11. März 1895.
11 Vgl. *Otto Modersohn (1865–1943). Der erste Sommer in Worpswede*, hrsg. v. Gesellschaft-Otto-Modersohn-Museum e.V., Fischerhude 2014; *Otto Modersohn. Worpswede 1889–1907*, hrsg. v. Otto Modersohn Museum, Fischerhude 1989.
12 Tagebuch, 3. Juli 1889.
13 Vgl. *Otto Modersohn und Fritz Overbeck. Der Briefwechsel*, hrsg. v. Katja Pourshirazi, Gertrud Overbeck und Antje Modersohn, Köln 2014.
14 Tagebuch, 1. Januar 1890.
15 Tagebuch, 11. März 1895.
16 Vgl. *Der Durchbruch. Die Worpsweder Maler in Bremen und im Münchener Glaspalast 1895*, Worpswede 1995.
17 Fritz von Ostini, »Die Münchener Jahresausstellung im Glaspalast«, in: *Münchner Neueste Nachrichten*, 11. August 1895.
18 Tagebuch 4. Mai 1902.
19 Vgl. *Carl Hauptmann und seine Worpsweder Künstlerfreunde. Briefe und Tagebuchblätter*, 3 Bde., hrsg. v. Elfriede Berger und Antje Modersohn, Berlin 2003, 2009.
20 Vgl. *Paula Modersohn-Becker und Otto Modersohn. Ein Künstlerpaar um 1900*, hrsg. v. Heide Grape-Albers, München, Berlin 2007; Marina Bohlmann-Modersohn, *Paula und Otto Modersohn*, Reinbek bei Hamburg ³2007.
21 Tagebuch, 2. Oktober 1900.
22 Tagebuch, 1. Juli 1901.
23 Tagebuch, 15. Juni 1902.
24 Tagebuch, 8. Dezember 1900.
25 Tagebuch, 6.–17. August 1924.
26 Vgl. *Otto Modersohn. Fischerhude 1908–1943*, hrsg. v. Otto Modersohn Museum, Fischerhude 1993.
27 Vgl. *Otto Modersohn und Louise Modersohn-Breling. Die Reisen nach Franken 1916–1927*, hrsg. v. Gesellschaft-Otto-Modersohn-Museum, Fischerhude 2001.
28 Tagebuch, 19. Oktober 1933.
29 Vgl. *Otto Modersohn: Allgäu 1926–1939*, hrsg. v. Otto Modersohn Museum, Fischerhude 1990.
30 Tagebuch, 19. Oktober 1933.
31 Tagebuch, 12. November 1933.
32 Tagebuch, 19. Oktober 1933.
33 Paula Modersohn-Becker in einem Brief an ihre Schwester Milly Becker, 30. November 1903, zit. n.: *Paula Modersohn-Becker in Briefen und Tagebüchern*, hrsg. v. Günter Busch und Liselotte von Reinken, Frankfurt am Main 2007, S. 441.
34 Tagebuch, 22. Juli 1901.
35 Tagebuch, 27. Oktober 1903.
36 Tagebuch, 1. Mai 1935.
37 Tagebuch, 24. Dezember 1933.
38 Tagebuch, 24. Dezember 1933.
39 Tagebuch, 18. Mai 1934.
40 Tagebuch, 18. Mai 1934.
41 Tagebuch, 15. April 1936.
42 Tagebuch, 24. Dezember 1933.
43 Tagebuch, 24. April 1897.

35 Otto Modersohn, um 1898

BIOGRAFIE

Otto Modersohn
1865 – 1943

1865 Otto Modersohn wird am 22. Februar als viertes Kind des Baumeisters Wilhelm Modersohn und seiner Frau Luise, geb. Heidebrink, in Soest, Westfalen, geboren. Er wächst mit drei älteren Geschwistern, Wilhelm, Laura, Adolf, und seinem jüngeren Bruder Ernst auf.

1874 Bereits als Kind zeichnet sich seine Vorliebe für die Kunst und große Naturverbundenheit ab. Als er neun Jahre alt ist, zieht die Familie nach Münster.

1884 Kurz vor dem Abitur bricht Otto Modersohn die Schule ab, um an der Kunstakademie in Düsseldorf zu studieren. Seine Eltern unterstützen sein Vorhaben.

1886/87 Im März 1886 beteiligt sich Modersohn an einer Ausstellung in Münster und reist in den Harz, um in der Natur zu malen. Im folgenden Jahr besucht er die Landschaftsklasse von Eugen Dücker an der Kunstakademie.

1888 Zusammen mit seinem Studienfreund Fritz Mackensen unternimmt Modersohn eine Sommerreise durch Westfalen, die sie nach Tecklenburg, Delbrück und Soest führt. Es entstehen Skizzen, Zeichnungen und kleinformatige Bilder. Enttäuscht von den strengen akademischen Vorgaben Dückers verlässt Modersohn die Akademie. Auf der *III. Internationalen Kunstausstellung*, die im Oktober in München stattfindet, beeindrucken ihn nachhaltig die Werke der französischen Maler der Schule von Barbizon. Im Wintersemester studiert Modersohn bei Hermann Baisch an der Großherzoglich Badischen Kunstschule in Karlsruhe und erkennt, dass er ein »geborener Landschaftsmaler« ist.

1889/90 Durch Mackensen wird Modersohn auf Worpswede, einen kleinen Ort im Teufelsmoor nordöstlich von Bremen, aufmerksam. Gemeinsam brechen sie am 3. Juli auf, um dort die Semesterferien zu verbringen. Der Maler Hans am Ende, ein Freund Mackensens, stößt hinzu. Im August reift der Entschluss, bis zum Ende des Winters in Worpswede zu bleiben. Modersohn und Hans am Ende fahren im November zur Weltausstellung nach Paris. Den Sommer 1890 verbringt er wieder in Worpswede, den Winter mit Mackensen in Hamburg.

36 Der »Mönchshof«, das Geburtshaus
Otto Modersohns in Soest, 1965

37 Otto und Ernst Modersohn, 1877

38 Otto Modersohn an der
Düsseldorfer Akademie, 1884/85

39 Otto Modersohn an der
Akademie in Karlsruhe, 1889

1891/92   Modersohn lernt im Sommer seine zukünftige Frau, die Bremer Kaufmannstochter Helene Schröder, in Worpswede kennen. Dort besucht ihn im Juli 1892 Fritz Overbeck, ein Kommilitone aus Düsseldorf. In den Wintersemestern arbeitet Modersohn als Schüler bei dem Landschaftsmaler Eugen Bracht in Berlin.

1893/94   Auf der *Jahresausstellung von Kunstwerken aller Nationen* im Münchener Glaspalast werden zwei Gemälde von Modersohn gezeigt. Gemeinsam mit Fritz Overbeck reist Modersohn nach Berlin und Dresden. Im Jahr darauf schließt sich Heinrich Vogeler den Worpsweder Künstlern an. Auf Anregung des Malers Carl Vinnen gründen Hans am Ende, Fritz Mackensen, Otto Modersohn, Fritz Overbeck, Heinrich Vogeler und Carl Vinnen am 6. Dezember 1894 die Künstlervereinigung Worpswede.

1895   Im April findet die erste gemeinsame Ausstellung der Worpsweder Künstler in der Bremer Kunsthalle statt. Trotz negativer Presse erwirbt die Kunsthalle Modersohns Gemälde *Herbst im Moor*. Im Sommer präsentiert die Gruppe auf Einladung der Münchener Künstlergenossenschaft ihre Arbeiten in der *Jahresausstellung* im Münchener Glaspalast. Modersohns *Sturm im Teufelsmoor* wird vom Bayerischen Staat für die Pinakothek angekauft. Mit dieser Ausstellung gelingt den Worpsweder Malern der nationale und internationale Durchbruch. In den nächsten Jahren folgen zahlreiche gemeinsame Ausstellungen.

1896   Gemeinsam mit Overbeck entdeckt Modersohn auf einer Herbstwanderung das nahegelegene Fischerhude und lernt dort Professor Heinrich Breling kennen, ehemaliger Maler am Hofe Ludwigs II.

1897   Drei Jahre nach der Gründung der Künstlervereinigung Worpswede unterzeichnen die Künstler am 21. August eine handschriftliche Satzung. Am 18. August heiraten Otto Modersohn und Helene Schröder. Modersohn erwirbt ein Haus in Worpswede.

1898   Am 6. August wird die Tochter Elsbeth geboren. Paula Becker, die bereits den Sommer des Vorjahres in Worpswede verbrachte, zieht im Herbst 1898 in die Künstlerkolonie und wird Schülerin von Mackensen. Gemeinsam mit Overbeck, Mackensen und der Bildhauerin Clara Westhoff

40 Fritz Mackensen, Hans am Ende,
Otto Ubbelohde, Ernst Modersohn,
Otto Modersohn (v. o. l. n. u.)
beim Erntefest in Worpswede am
15. September 1889

41 Hans am Ende,
Otto Modersohn,
Fritz Overbeck und
Fritz Mackensen
(v. l. n. r.), um 1895

42 Das Verlobungsfoto
von Helene Schröder und
Otto Modersohn, 1896

43 Das Worpsweder Wohnhaus, um 1900

reist Modersohn zur Rembrandt-Ausstellung nach Amsterdam. Am 25. Dezember besucht Rainer Maria Rilke Worpswede und ist zu Gast bei Heinrich Vogeler auf dem »Barkenhoff«.

1899   Otto Modersohn erklärt am 25. Juli seinen Austritt aus der Künstlervereinigung, da er sich in seiner individuellen Freiheit eingeengt fühlt. Er beteiligt sich ab diesem Jahr an den Ausstellungen der Berliner Secession und wird ab 1900 als Mitglied geführt.

1900   Anfang Juni reisen Otto Modersohn sowie Fritz und Hermine Overbeck auf Anregung von Paula Becker zu ihr und Clara Westhoff nach Paris zur Weltausstellung. Am 14. Juni erhält Modersohn die Nachricht vom Tod seiner Frau Helene und kehrt nach Worpswede zurück. Der »Barkenhoff« von Vogelers wird zu einem Treffpunkt für Künstler wie Rilke, Carl Hauptmann und Alfred Heymel. Im September verloben sich Otto Modersohn und Paula Becker heimlich.

1901/02   Am 25. Mai feiern Otto Modersohn und Paula Becker Hochzeit in Bremen. Die Hochzeitsreise führt sie über Berlin ins schlesische Schreiberhau zu Carl Hauptmann und nach Agnetendorf zu dessen Bruder Gerhart Hauptmann. Über Prag, München und Dachau kehren sie nach Worpswede zurück. 1902 beginnt Rainer Maria Rilke mit der Arbeit an der Monographie über Worpswede, die im Folgejahr erscheint.

1903/04   Während Paula Modersohn-Becker im Februar und März Unterricht an der Académie Colarossi in Paris nimmt, bleibt Modersohn in Worpswede. Im August reist das Paar zusammen mit Elsbeth auf die Insel Amrum. Im Sommer des folgenden Jahres sind die Modersohns häufig in Fischerhude zu Gast.

1905   Am 8. März stirbt Modersohns Mutter. Er reist am 29. März zu Paula nach Paris, die dort seit Februar an der Académie Julian studiert. Gemeinsam kehren sie Anfang April nach Worpswede zurück. Im Oktober unternimmt das Paar zusammen mit Heinrich Vogeler eine Reise nach Westfalen und besucht u. a. Karl Ernst Osthaus und dessen Folkwang-Museum in Hagen.

44 Heinrich Vogelers
»Barkenhoff« in Worpswede,
um 1905

45 Otto Modersohn und Paula Becker
im Atelier Otto Modersohns, 1901

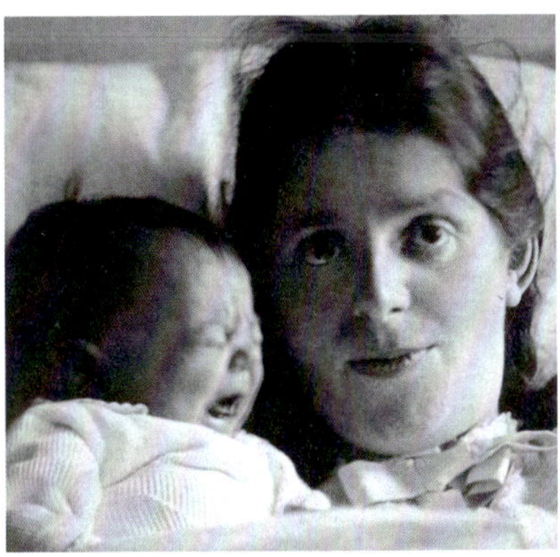

46 Paula Modersohn-Becker mit
Tochter Mathilde (Tille), 1907

1906 Auf Wunsch von Paula, die am 23. Februar für einen längeren Aufenthalt erneut nach Paris aufbricht, trennt sich das Paar vorübergehend. Paulas Einladung folgend besucht Modersohn seine Frau am 3. Oktober und verbringt mit ihr sechs Monate in Paris.

1907 Ende März kehren die Modersohns zurück nach Worpswede. Am 2. November wird die Tochter Mathilde (Tille) geboren. Drei Wochen später, am 20. November, stirbt Paula an einer Embolie. Tille wird von Paulas Schwester, Milly Rohland, in Basel aufgenommen, die selbst gerade Mutter geworden ist. Dort bleibt Tille bis zu ihrem vierten Lebensjahr und lebt ab 1911 bei ihrem Vater.

1908 Obwohl Modersohn sein Wohnhaus in Worpswede behält, zieht es ihn immer häufiger nach Fischerhude, wo er ein altes Bauernhaus mietet. Zusammen mit Heinrich Vogeler bereitet er die erste Paula Modersohn-Becker Ausstellung im Mai 1909 in der Galerie von Paul Cassirer in Berlin vor.

1909 Zu Beginn des Jahres besucht Modersohn Cassirer in Berlin. Dort verlobt er sich mit der Sängerin Louise Breling, der Tochter seines Freundes Heinrich Breling. Am 14. April heiraten Louise und Otto in Fischerhude im Hause Breling in der Bredenau und beziehen gemeinsam mit Elsbeth ein altes Bauernhaus im Dorf. Der plötzliche Tod seines Freundes Fritz Overbeck am 8. Juni erschüttert Modersohn tief.

1910 Im Juni reisen die Modersohns mit Heinrich Breling nach Dresden und Berlin. Dort sehen sie in der Nationalgalerie Werke der Französischen Maler sowie Bilder von Vincent van Gogh bei Cassirer und treffen mit dem Maler Max Liebermann, Präsident der Berliner Secession, zusammen.

1911 Modersohn befürwortet in einer Publikation den Ankauf von Van Goghs *Mohnfeld* der Bremer Kunsthalle. Damit stellt er sich als Einziger der Worpsweder Künstler öffentlich gegen die von Carl Vinnen verfasste Streitschrift *Ein Protest deutscher Künstler* und teilt dessen Befürchtung einer »Überfremdung« deutscher Museen nicht.

1912 Während einer Reise nach Italien besucht Modersohn den Künstler Bernhard Hoetger in Marignolle bei Florenz.

47 Louise Modersohn-Breling
und Otto Modersohn, 1909

48 Otto Modersohn in Fischerhude
mit Malgepäck, um 1910

49 Elsbeth, Otto, Louise und
Tille Modersohn, 1911

50 Christian, Tille und Ulrich
Modersohn im Worpsweder
Wohnhaus, 1916

1913   Heinrich Vogeler und Otto Modersohn bereiten bei Karl Ernst Ost-
haus im Folkwang Museum, Hagen, eine Ausstellung zu Paula Modersohn-
Becker vor, die Otto Modersohn mit Tochter Tille im Februar besucht. Im
Juni nimmt er an der berühmten Sitzung der Berliner Secession teil, in deren
Nachgang Max Slevogt, Liebermann, Cassirer und rund 40 weitere Künstler
die Vereinigung verlassen. Am 15. Oktober kommt Sohn Ulrich zur Welt.

1914/15   Aufgrund seiner Kurzsichtigkeit ist Modersohn vom Kriegs-
dienst befreit. Er besucht die im Kunstsalon Arnold gezeigte Ausstellung
französischer Künstler in Dresden und trifft bei dieser Gelegenheit auf
Emil Waldmann, Direktor der Bremer Kunsthalle. Am 6. September stirbt
Heinrich Breling. Modersohn kehrt vermutlich aus finanziellen Gründen
im Oktober 1915 mit seiner Familie in sein Haus nach Worpswede zurück.

1916   Anfang des Jahres hält sich Modersohn erneut in Berlin auf und
reist im Frühjahr nach Thüringen und Wertheim. Am 13. Oktober wird
Sohn Christian geboren. Die Bremer Kunsthalle präsentiert erstmals aus
Modersohns Frühwerk die kleinen Münsteraner Bilder und erwirbt
Landstraße bei Münster.

1917   Anfang Mai zieht die Familie Modersohn endgültig nach Fischer-
hude, in eine Mietswohnung nahe der Wümme. Angeregt durch die
Ausstellung in Bremen, beginnt Otto Modersohn, wieder kleinformatige
Bilder zu malen.

1918   Otto Modersohns Vater stirbt am 26. Juni. Modersohn nimmt an
mehreren Ausstellungen, darunter an der *Großen Berliner Kunstausstellung*,
im Kunstverein Hannover, in der Kunsthalle Bremen und im Kunstsalon
Emil Richter in Dresden, teil und wird Mitglied u. a. bei der Hannover-
schen Sezession sowie des Norddeutschen und Bremer Künstlerbundes.

1919   Gustav Paulis erste Monographie über Paula Modersohn-Becker erscheint. In einem Brief an Pauli korrigiert Otto Modersohn die Darstellung seiner gemeinsamen Jahre mit Paula. Nach Hoetgers Entwurf wird
auf dem Worpsweder Friedhof ein Denkmal für Paula Modersohn-Becker
errichtet, für das Olga Breling, die Schwester Louise Modersohns, Modell
stand.

1922 Gemeinsam mit seiner Frau Louise, die sich seit 1916 ebenfalls der Malerei zugewandt hat, und dem befreundeten Malerehepaar Friedrich Ahlers-Hestermann und Alexandra Povòrina unternimmt Modersohn Studienreisen in die Umgebung von Wertheim. Seine dort entstandenen Gemälde zeugen von einer neuen Entwicklungsphase in seiner Formensprache.

1923 Von Juli bis August reisen die Modersohns nach Franken und München. Es schließen sich Aufenthalte in Iphofen und Sulzfeld mit Ausflügen nach Marktbreit und Kitzingen an. In diesem Jahr entstehen nahezu 30 Gemälde. Auf der Rückreise besucht Louise Modersohn-Breling auf dem Landgut »Neue Welt« bei Würzburg die Malerin Gertraud Rostosky.

1924 Erneut zieht es die Modersohns von Juli bis September nach Franken. In Würzburg sind sie zunächst Gäste auf dem Landgut »Neue Welt« und verbringen anschließend in Wertheim arbeitsreiche Wochen, seit langem die »wichtigste und schönste« Zeit in künstlerischer Hinsicht, wie Modersohn in seinem Reisetagebuch notiert.

1925/26 Anlässlich seines 60. Geburtstags reisen Otto und Louise Modersohn nach Emden zu dem Kunsthändler Max de Beer und schließen eine mehrwöchige Kunstreise nach Holland an. Dort besuchen sie die Museen in Amsterdam, Harlem und Den Haag. Im Juli sind sie erneut in Würzburg bei Gertraud Rostosky zu Gast und fahren anschließend erstmals ins Allgäu. Ein zweiter Aufenthalt im folgenden Jahr von August bis Oktober führt sie zudem nach Würzburg, Unterjoch, Kempten und München.

1927–1929 Angezogen von der Bergkulisse, die mit ihrer Flora und ihrem Farbenspiel Modersohn eine neue Motivwelt eröffnet, unternimmt das Paar weitere Studienreisen ins Allgäu, zunächst erneut nach Unterjoch, später nach Tiefenbach und Fischen bei Oberstdorf.

1930 Klaus Hauptmann, der Sohn Gerhart Hauptmanns, und Otto Modersohn erwerben jeweils ein altes Bauernhaus auf dem Gailenberg bei Hindelang im Allgäu. Hier verbringt Otto Modersohn in den folgenden Jahren Monate intensiver Arbeit.

1932 Anlässlich des 25. Todestages von Paula Modersohn-Becker erscheint *Ein Buch der Freundschaft* mit Beiträgen von Clara Rilke, Herma Weinberg, Heinrich Vogeler, Otto Modersohn u. a., herausgegeben von Rolf Hetsch im Rembrandt-Verlag, Berlin.

1933/34 Vom späten Frühling bis zum Herbst malt Otto Modersohn auf dem Gailenberg bei Hindelang und in der Umgebung. In Fischerhude entstehen zahlreiche Bilder seines Spätwerks.

1935 Ein letztes Mal verbringt Modersohn den kompletten Sommer im Allgäu, bevor ihn eine Netzhautablösung des rechten Auges zwingt, das Malen im Gebirge aufzugeben. In Fischerhude malt er von nun an ausschließlich im Atelier.

1936 Johanna Eißler kommt zu den Modersohns nach Fischerhude, um den Haushalt zu führen und ihre malerische Begabung an Otto Modersohns Seite weiterzuentwickeln.
Während die Werke von Paula Modersohn-Becker offiziell als »entartet« diffamiert und aus den Museen entfernt werden, ist Otto Modersohns Kunst nicht betroffen. Er kann weiterhin in verschiedenen Künstlerverbänden ausstellen.

1939 Ende Mai besucht Otto Modersohn für vier Wochen ein letztes Mal Hindelang. Es entstehen Zeichnungen in Skizzenbüchern. In Fischerhude nimmt er einige dieser Motive auf und malt drei Variationen des *Hirschbach-Wäldchens im Frühling* sowie eine *Abendstimmung bei Hinterstein*.

1940–1942 Zu seinem 75. Geburtstag wird Modersohn mit der Goethe-Medaille ausgezeichnet, zwei Jahre später wird ihm der Professorentitel h.c. verliehen. Diese Ehrungen erfolgen auf Initiative von Rolf Hetsch, dem Referenten für Bildende Kunst im Propagandaministerium der Nationalsozialisten. Dieser hatte sich für die Sicherung von Werken Paula Modersohn-Beckers eingesetzt, die als »entartet« diffamiert wurden.

1943 Nach kurzer, schwerer Krankheit stirbt Otto Modersohn am 10. März. Seine Grabstätte befindet sich in Fischerhude auf dem Quelkhorner Friedhof.

51 Auf Reisen: Louise Modersohn-Breling
und Otto Modersohn, 1920

54 Otto Modersohn
in München, 1937

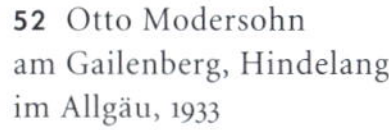

52 Otto Modersohn
am Gailenberg, Hindelang
im Allgäu, 1933

53 Otto Modersohn vor seinen
Schmetterlings- und Käferkästen, 1935

Otto Modersohn, *Mein künstlerisches Bekenntnis*, Einband und Titelei, 1907, Otto Modersohn Museum, Fischerhude

ARCHIV

Fundstücke, Briefe, Dokumente
1895–1942

Palette. Der „Persönlichste" dagegen ist sicher Modersohn und er ist auch das stärkste Talent unter den
Worpswedern, wenn auch das Können Anderer, wie
Fritz Mackensen's, schon ausgebreiteter und reifer ist.
Beim Schaffen dieses jungen Westfalen macht
das in der Natur Erschaute den rechten Weg
vom Auge durch das Herz zur Hand. So hat
Modersohn eine über Alles künstlerische Art zu
schaffen, Wahrheit und Dichtung im Werke zu verschmelzen und kein gleichgiltiges Fleckchen auf seiner
Leinwand zu lassen. Darum sagen uns seine Bilder
so viel und packen uns so tief. Es ist einfach genug,
was er malt: Moorgefilde, von Wasserläufen
durchschnitten, armselige Hütten, ein paar Birken mit
weißer leuchtender Rinde. Bald schildert er uns das
in grüner, sonniger Sommerpracht, bald in düsterem
Dunkel des Herbststurmes, bald läßt er uns das
Haidedorf tief verschneit sehen im Winter. Jeder
Baum ist mit Liebe gesehen, jeder Halm in der farben-
reichen, braunroth gebrannten Haide, jede von den
schweren Wolken, die über dem Moor sich aufthürmen.
In dieser seiner Innigkeit, in dieser naiven Zärtlichkeit,
mit der er seinem Vorwurf begegnet, hat Modersohn
auch eine gewisse Aehnlichkeit mit dem trefflichen Karl
Haider. Und wie dessen Kunst ist die seinige in allen
Fibern deutsch. Die der anderen Worpsweder freilich
auch — und das sei ihnen am Höchsten angerechnet,
das hebt sie hoch hinaus über manchen Andern, der
schon mehr kann und leichter, flotter, genialer
schafft. Die glänzende Gleichmäßigkeit einer gewissen,
äußerlich auf bewundernswerthe Höhe gebrachten,
internationalen Kunst fängt an, uns zu ermüden.
Ohne daß wir uns immer Rechenschaft gäben, wa-
rum?, spricht uns hin und wieder ein Kunstwerk von
geringerem Werthe weit stärker an. Und wenn wir
der Sache nachfragen, ist es immer ein Hauch natio-
naler Eigenart gewesen, der uns daraus entgegen
wehte. Im figürlichen Fach bestimmt die Lust am Fa-
buliren, ein gewisser lyrischer Zug unserer modernen
Malerei den Weg zu ausgesprochen deutscher Kunst
und wer Augen hat, zu sehen, wird Viele unserer mo-
dernsten jungen Maler auf diesem Wege schauen.
Schwerer ist es für den Landschafter, wahrhaft deutsch
zu erscheinen und schwer genug ist es, zu definiren,
worin sich bei ihr nationale Sonderart am Klarsten
ausspricht: in der tiefern Beseelung, in einer größeren
Ehrlichkeit, der alles Pathetische und Phrasenhafte
fern liegt, in der Ehrfurcht vor dem Kleinen. Hans
Thoma und der eben genannte Karl Haider weisen
da den Weg und die Worpsweder haben ihn auch
gefunden. Glück auf!
Der bayerische Staat hat Modersohn's „Sturm
im Teufelsmoor" angekauft, ein Werk, das nach seiner
düsteren, eindrucksvollen Stimmung das bedeutendste

I

*Auf Einladung der Münchner Künstlergenossenschaft nahmen die Worps-
weder Künstler vom 1. Juni bis Ende Oktober 1895 an der* Jahresausstellung
von Kunstwerken aller Nationen *im Münchener Glaspalast teil. Das Ge-
bäude, das 1854 im Norden des Alten Botanischen Gartens errichtet worden
war, diente seit 1889 fast ausschließlich Kunstausstellungen und bot Künstlern eine wichtige Plattform, ihre Werke auch dem internationalen Kunst-
handel vorzustellen. Für die Worpsweder war diese Ausstellung ein umfassen-
der Erfolg: Fritz Mackensen erhielt für sein Gemälde* Gottesdienst im Freien
*die Goldmedaille, Otto Modersohn, der mit acht Bildern vertreten war, ver-
kaufte sein Gemälde* Sturm im Teufelsmoor *an die Münchener Pinakothek.
Fritz von Ostini, Feuilleton-Redakteur der* Münchner Neuesten Nachrichten, *berichtete am 11. August 1895 ausführlich über die »Worpsweder, von
denen man bei uns bis jetzt so wenig wusste«:*

Der »Persönlichste« dagegen ist sicher Modersohn und er ist auch das
stärkste Talent unter den Worpswedern, wenn auch das Können Anderer,

---

I Zeitungsausschnitt aus den *Münchner Neuesten Nachrichten* vom
11. August 1895

wie Fritz Mackensen's, schon ausgebreiteter und reifer ist. Beim Schaffen dieses jungen Westfalen macht das in der Natur Erschaute den rechten Weg vom Auge durch das Herz zur Hand. So hat Modersohn eine über alles künstlerische Art zu schaffen, Wahrheit und Dichtung im Werke zu verschmelzen und kein gleichgültiges Fleckchen auf seiner Leinwand zu lassen. Darum sagen uns seine Bilder so viel und packen uns so tief. [...]

Wenn Ostini weiterschreibt »[...] Und wie dessen Kunst ist die seinige in allen Fibern [Fasern] deutsch«, ist dies ein frühes Beispiel dafür, dass Otto Modersohns Kunst immer wieder als typisch »deutsche« Malerei vereinnahmt wurde. Modersohn sprach sich bereits 1911 im so genannten Bremer Kunsthallen-Streit (S. 54) öffentlich entschieden für die Kunst und gegen ein falsch verstandenes Nationalgefühl aus: »Die Nationalität spielt bei der Kunst überhaupt keine Rolle, es kommt lediglich auf die Qualität der Kunst an.«

2

Mit dem Hinweis »bitte, cursieren z. lassen« wendet sich Otto Modersohn am 25. Juli 1899 an seine Worpsweder Freunde, um ihnen die Beweggründe für seinen Austritt aus der Künstlergemeinschaft detailliert darzulegen:

Worpswede, 25. Juli 1899

Liebe Freunde!

Von Anfang an fühlte ich mich mit so manchem in C.V. [Carl Vinnens]-Denkschrift im Widerspruch, so daß ich nicht umhin kann, Eure Aufmerksamkeit nochmals auf dieselbe zu lenken. Ich trete nur ungern aus meiner Zurückhaltung heraus, ich kann nicht anders, mein Inneres zwingt mich dazu. [...]

Ich verkenne durchaus nicht, daß unsere Vereinigung uns zu unserer Einführung die größten Dienste geleistet hat, aber sie fängt ernstlich an, durch alle mit ihr verbundenen Pflichten gegen Welt und Ausstellungen und besonders auch gegen einander, uns über den Kopf zu wachsen. Sie bedroht unsere Ruhe, die man zum künstlerischen Schaffen in erster Linie braucht. Hiergegen giebt es nur ein Radikalmittel: die Auflösung der Vereinigung. Merkwürdig berühren mich die Worte in der Denkschrift: »Eine äußerliche Identificierung jedes Einzelnen mit der Gesamtheit, ein energisches

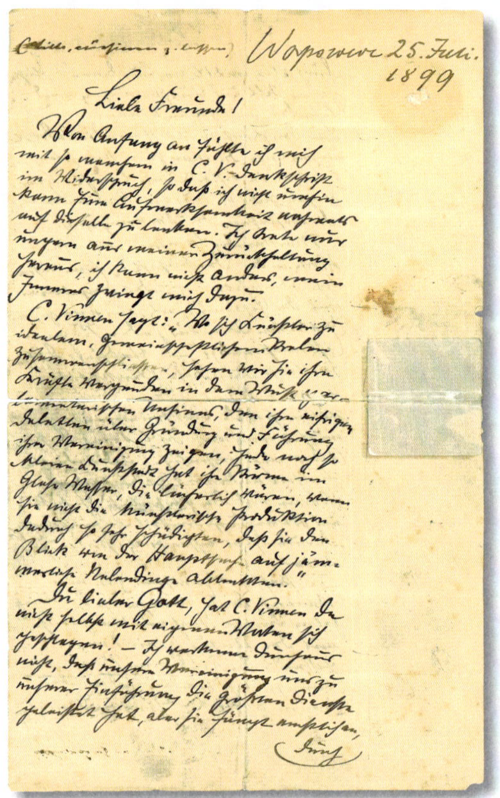

Eintreten Aller für jeden Einzelnen ist notwendig.« – Geschieht das vielleicht durch diese Denkschrift, wo mir und auch anderen Freunden völlig fremde Anschauungen zugemuthet werden? Ich betone, daß Alles auf persönliche, individuelle Freiheit ankommt. Durch einen Verein wird die persönliche Gefühls-und Bewegungsfreiheit beeinträchtigt, darum ist es besser, er existiert nicht weiter.

Je straffer organisiert z. B. ein Staat ist, desto weniger ist der einzelne Bürger.

2a, b Briefauszüge von Otto Modersohn an seine Freunde
der Künstlervereinigung Worpswede vom 25. Juli 1899,
Otto Modersohn Stiftung, Fischerhude

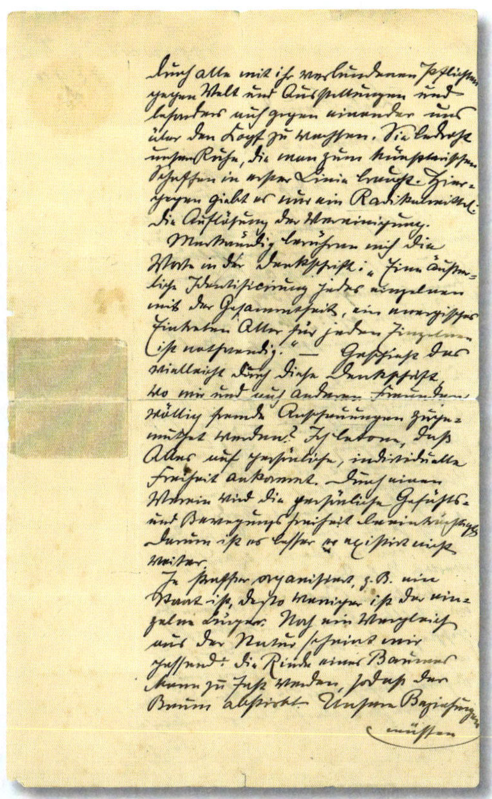

2b

Noch ein Vergleich aus der Natur scheint mir passend: Die Rinde eines Baumes kann zu fest werden, sodaß der Baum abstirbt. Unsere Beziehungen müssen möglichst locker sein, wir dürfen keinerlei Druck und Zwang empfinden. Das zehrt künstlerische Kräfte auf. – Solch eine Denkschrift würde ich mit Freuden begrüßt haben, die gewissermaßen möglichste Freiheit der Persönlichkeit festgelegt hätte. »Ein jeder muß nach seiner Façon selig werden!«

Das ist der Gedanke, der in Worpswede immer der maßgebende sein muß, laßt ihn uns hochhalten, laßt ihn uns anerkennen.

Um das für meinen Theil zu erreichen, zeige ich Euch meinen Austritt aus dem Verein hierdurch an und hoffe, daß Vorstehendes meinen Schritt Euch erklärt und daß mein Schritt Sympathien bei Euch erweckt hat.

Otto Modersohn.

3

Von Ende Juli bis Ende August 1897 hält sich Paula Becker zum ersten Mal in der Künstlerkolonie Worpswede auf, um dort zu malen. In ihrem Tagebuch beschreibt sie am 24. Juli die erste Begegnung mit Otto Modersohn:

Ich habe ihn nur einmal gesehen und da auch leider wenig gesehen und gar nicht gefühlt. Ich habe nur in der Erinnerung etwas Langes in braunem Anzug mit rötlichem Bart. Er hatte so etwas Weiches, Sympathisches in den Augen. Seine Landschaften, die ich auf den Ausstellungen sah, hatten tiefe, tiefe Stimmungen in sich. Heiße brütende Herbstsonne oder geheimnisvoll süßer Abend. Ich möchte ihn kennenlernen, diesen Modersohn.

Aus dem Jahr 1900, in dem Otto Modersohn und Paula Becker sich heimlich verloben, ist eine handschriftliche Notiz Modersohns über seine zukünftige Frau erhalten:

1) <u>künstlerischer Mensch</u>
Feine persönl. Ideen über Kunst, Malerei, Litteratur, (Musik), genießen, schaffen v. Kunst ihr Hauptziel u. meins. Natur, Landleben, Worpswede, alte Häuser, alte Einrichtungen etc. wie ich.
2) <u>freier Mensch</u>
sich geben ganz ohne Rücksichten. heiteres lebensfrohes frisches Temperament Ausgleich f. mich, liebe ich besonders.
3) Äußerlich reizvoll, anmuthig, kräftig, gesund, energisch.

Zwei Jahre später, am 11. März 1902, schreibt Modersohn voller Hochachtung über die künstlerische Leistung und Entwicklung seiner Frau:

Früher schätzte ich ihr Urtheil, jetzt aber auch ihre Leistung. Verstanden wird sie von – keinem. In Bremen: Mutter, Tanten, Geschwister haben ein stilles Übereinkommen: Paula wird nichts leisten. Sie nehmen sie nicht für Ernst. Und hier [Worpswede]: [...] Nie wird nach ihrer Arbeit gefragt. Es ist gut. Ich freue mich meiner Paula, die eine wirkliche Malerin ist. [...] In aller Stille wird sie weiterstreben u. eines Tages alle in Erstaunen setzen. Darauf freue ich mich. Sie hat eigene Ideen über Form, über Farbe, über Technik. Sie ist künstlerisch durch u. durch. Es ist sicher die beste Malerin, die hier gewesen ist.

4

Zeichnungen als Vorstudien für seine Gemälde, aber auch als autonome Kunstwerke waren für Otto Modersohn seit seiner Studienzeit ein wichtiges Ausdrucksmittel. Rainer Maria Rilke, ein großer Bewunderer Modersohns Abendblätter, wie er die Zeichnungen nach dem Zeitpunkt ihres Entstehens – häufig in den dämmrigen Abendstunden genannt hat, schrieb am 23. Oktober 1900 an Modersohn:

Erinnern Sie sich jenes Nachmittags, da Sie mir das Vertrauen bewiesen haben, auf das ich leise stolz bin: Sie zeigten mir die kleinen Abendblätter, und ich fühlte, wie aus jedem Entwurf, aus schwarz und rot, mir mehr Wirklichkeit entgegenwuchs; jenes Sein, das nur die tiefste Kunst in tiefen Stunden hinzustellen vermag, erfüllte sich in diesen Skizzen, vor denen ich das Gefühl hatte, daß in jeder, von der Flucht der Striche verhüllt, Alles sei, was man in dieser Stimmung erleben und werden kann.

---

3 Notiz von Otto Modersohn über Paula Becker, 1900,
Otto Modersohn Stiftung, Fischerhude

4a

Christian Modersohn (1916–2009), der jüngste Sohn von Otto Modersohn, hatte 2006 noch deutlich vor Augen, wie diese Zeichnungen in seiner Jugendzeit zu Hause entstanden:

Ich erinnere noch sehr gut, wie mein Vater sich nach dem Abendbrot, das zumeist kärglich ausfiel, seine Stifte im blauen Kasten mit seinen kurzen Kohle-, Rötel- und Kreidestiften zurechtrückte, seine Papiere in Mappen bereit legte und es sich auf dem Sofa bequem machte. Kopf und Rücken durch Kissen gestützt, winkelte er seine Knie an, die dem kleinen Zeichen-

---

4a *Winterliche Wümme im Alten Dorf,* 15. März 1942, Bleistift, Schwarzstift, Otto Modersohn Museum, Fischerhude

4b

brett, und der Mappe mit dem zur Hand genommenen Papier die Stütze gaben.

Von links fiel das Licht der schwachen Lampe auf das Blatt. Wenn mein Vater zeichnete, zogen mein Bruder und ich uns meist zurück, weil wir spürten, dass unser Vater in diesem Zustand höchster Konzentration ungestört sein sollte. Daneben lag der Skizzenblock mit den von ihm zur freien Bearbeitung ausgewählten Zeichnungen, die seinen Kompositionen ein erstes Gerüst gaben. Davon ausgehend bildeten sich in fast traumwandlerischer Sicherheit Zeichnungen ganz eigener Prägung, die dann manchmal – schon zur Seite gelegt – am nächsten Vormittag als Bildidee für ein Gemälde zur Hand waren.

Zu den Abendblättern gehört auch eine Gruppe von Zeichnungen mit Phantasie- und Märchenmotiven wie Waldfrauen, Hänsel und Gretel oder Genoveva und kleiner König. Schon früh faszinierte Modersohn das Phantastische. Die Motivwelt der Märchen und Sagen spiegelte sich schon in seinen Schülerzeichnungen wider und findet später neuen Ausdruck. Ein inhaltlicher Bezug zu Böcklins Symbolismus und Vogelers Märchen- und Traumdarstellungen liegt nahe. Für Otto Modersohn selbst lag in diesen dunklen farbigen Blättern seine »ganze innere Welt«.

4b *Hänsel und Gretel vor dem Hexenhaus*, um 1902, Kohle- und Rötelstift auf Papier, Otto Modersohn Stiftung, Fischerhude

QUELLEN

—

BILDNACHWEIS

Alle Bildvorlagen wurden dem Verlag freund-
licherweise vom Otto Modersohn Museum,
Fischerhude, zur Verfügung gestellt.

Otto Modersohns Skizze *Winterliche Wümme
im Alten Dorf,* S. 68, entstammt seinem Skizzenblock, S. 29

—

**FOLGENDEN LITERATURQUELLEN
WURDEN TEXTAUSZÜGE ENTNOMMEN**

Otto Modersohn, *Im Kampf um die Kunst,*
München, 1911: S. 63

Christian Modersohn, Eröffnungsrede anlässlich
der Ausstellung *Otto Modersohn – Kompositionszeichnungen und ausgewählte Bilder* im Club
Bremen, 2006: S. 68, 69

Klinkhardt & Biermann Verlag
Lentnerweg 14
D-81927 München
Tel. +49 (0)89-93 93 37 56
Fax +49 (0)89-943 99 26 84
info@klinkhardtundbiermann.de

Umschlagabbildung: Detail aus *Lampionfahrt auf der Wümme*, 1911, Öl auf Malpappe, Privatbesitz
Doppelseite 2/3: Detail aus *Sommertag (Malven)*, 1896, Öl auf Leinwand, Otto Modersohn Stiftung, Fischerhude
Doppelseite 4/5: Detail aus *Wertheim – Landschaft an der Tauber*, 1924, Öl auf Malpappe, Privatbesitz

www.klinkhardtundbiermann.de

—
LEKTORAT
Büro Anne Funck, München

—
GESTALTUNG UND HERSTELLUNG
Marion Blomeyer, Rainald Schwarz, München

—
LITHOGRAFIE
Reproline mediateam GmbH, München

—
DRUCK UND BINDUNG
Passavia Druckservice GmbH & Co. KG, Passau

Diese Publikation wurde ermöglicht mit der freundlichen Unterstützung der

Waldemar Koch Stiftung

Der Autor dankt Antje Modersohn und Rainer Noeres für die inspirierenden Gespräche und Hinweise sowie die vielfältige Unterstützung.

Die Deutsche Nationalbibliothek verzeichnet diese Publikation in der Deutschen National-bibliografie; detaillierte bibliografische Daten sind im Internet unter http://dnb.d-nb.de abrufbar.

ISBN 978-3-943616-25-5

Printed in Germany